C++

Sommario

Premessa

Questo libro è uno sforzo per introdurre il lettore al linguaggio di programmazione C++ in modo strutturato, diretto ma anche amichevole. Useremo la "teoria in modo appena sufficiente e compenseremo molti esempi ed esercizi" quando possibile.

Per me, C++ è un meraviglioso prodotto dell'intelletto umano. Nel corso degli anni sono arrivato a questa conclusione pensandolo come un prodotto di rara bellezza ed eleganza. C++ è un linguaggio come nessun altro, sorprendente nella sua complessità, eppure meravigliosamente lucido ed elegante in tanti modi. È anche un linguaggio che non può essere appreso indovinando, un linguaggio con cui è facile sbagliare e si impara ponendosi delle sfide.

In questo libro, familiarizzeremo prima con le basi del linguaggio, quindi, sposteremo l'attenzione sulla libreria standard. Nel percorso, descriveremo il moderno C++ standard in modo più dettagliato perché si tratta di un linguaggio che è evoluto molto.

Dopo ogni sezione, ci sono esercizi sul codice sorgente che ci aiutano a mettere in pratica quanto appreso in modo più efficiente.

C++ è un linguaggio di programmazione, standardizzato, generico, orientato agli oggetti e compilato. C++ è accompagnato da un insieme di funzioni e contenitori chiamati libreria standard C++. Bjarne Stroustrup ha creato C++ come estensione del linguaggio di programmazione C. Tuttavia, il C++ si è evoluto per essere un linguaggio di programmazione completamente diverso. Sottolineiamo questo: C e C++ sono due linguaggi diversi.

C++ è iniziato come "C con classi", ma ora è un linguaggio completamente diverso e a sé stante. Quindi, C++ non è C; C++ non è C con classi; è solo C++. E non esiste un linguaggio di programmazione C / C++.

C++ è ampiamente utilizzato per la cosiddetta programmazione di sistemi e per le applicazioni. È un linguaggio che ci permette di arrivare al codice di basso livello dove possiamo eseguire routine di basso livello se necessario, o proseguire verso l'alto con meccanismi di astrazione come modelli e classi.

C++ è governato dallo standard ISO C++. Ecco gli più standard ISO C++ in ordine cronologico: C++ 03, C++ 11, C++ 14, C++ 17 e, infine, il prossimo C++ 20. Ogni standard C++ a partire da C++ 11 in poi è denominato "Moderno C++" ed è ciò che affronteremo in questo libro.

Capitolo 1: Compilatori C++

I programmi C++ sono solitamente una raccolta di codice C++ distribuito su una o più file sorgenti. Il compilatore C++ compila questi file e li trasforma in file oggetto. I file oggetto sono collegati tra loro da un linker per creare un file eseguibile o una libreria.

Al momento della stesura di questo libro, alcuni dei compilatori C++ più popolari sono:

- Il frontend g++ (come parte del GCC)
- Visual C++ (come parte dell'IDE di Visual Studio)
- Clang (come parte del LLVM)

Linux

Per installare un compilatore C++ su Linux, digita quanto segue all'interno del terminale:

```
sudo apt-get install build-essential
```

Per compilare il file sorgente C++ `mioFile.cpp`, digitiamo:

```
g++ mioFile.cpp
```

Questo comando produrrà un eseguibile con il nome predefinito di `a.out`. Per eseguire il file, digita:

```
./a.out
```

Per compilare per lo standard C++ 11, aggiungiamo il flag `-std=c++11`:

```
g++ -std=c++11 mioFile.cpp
```

Per abilitare gli avvisi (warnings), aggiungiamo il flag `-Wall` :

```
g++ -std=c++11 -Wall mioFile.cpp
```

Per produrre un nome eseguibile personalizzato, aggiungiamo il flag `-o` seguito dal nome dell'eseguibile:

```
g++ -std=c++11 -Wall mioFile.cpp -o mioExe
```

Le stesse regole si applicano al compilatore Clang, ti basta sostituire `g++` con `clang++`.

Windows

Su Windows possiamo installare una copia gratuita di Visual Studio. Dopo averlo fatto, avvia il programma e scegli "Crea un nuovo progetto", assicurati che l'opzione del linguaggio C++ sia selezionata e scegli – "Progetto vuoto" - fai clic su Avanti e poi su Crea.

Vai al pannello "Esplora", fai clic con il tasto destro del mouse sul nome del progetto, scegliere e aggiungi un nuovo elemento del tipo File C++ (`.cpp`), digita il nome del file (`mioFile.cpp`) e clicca su Aggiungi.

Ti basta premere il pulsante F5 per eseguire il programma e possiamo anche fare quanto segue: scegli "Crea un nuovo progetto", assicurati che l'opzione C++ per il linguaggio sia stata selezionata e scegli - App console - fai clic su Avanti e poi clic su Crea. Se il pulsante "Crea un nuovo progetto" non è visibile, scegli File - Nuovo - Progetto e ripeti passaggi rimanenti.

Capitolo 2: Primo programma

Creiamo un file di testo vuoto usando l'editor di testo o l'IDE C++ di nostra scelta e chiamiamolo `mioFile.cpp`. Per prima cosa, creiamo un programma C++ vuoto che non faccia nulla. Il contenuto del file `mioFile.cpp` è:

```
int main() {}
```

La funzione `main` è il punto di ingresso principale del programma, l'inizio del nostro programma e quando eseguiamo il nostro file, il codice all'interno del corpo della funzione principale verrà eseguito. La funzione in questo caso è di tipo `int` (e restituisce un risultato al sistema, ma non preoccupiamoci di questo adesso).

Il nome riservato `main` è un nome di funzione ed è seguito da un elenco di parametri all'interno delle parentesi `()` seguite dal corpo della funzione contrassegnato da parentesi graffe `{}`. Le parentesi segnano l'inizio e la fine del corpo di una funzione e possono anche essere su righe separate:

```
int main() {
}
```

Questo semplice programma non fa nulla, non ha parametri elencati tra parentesi e non ci sono istruzioni all'interno del corpo della funzione. È essenziale capire che questa è la "firma" principale del programma. C'è anche un'altra firma della funzione principale che accetta due diversi parametri ed è utilizzato per manipolare gli argomenti della riga di comando. Per ora, useremo solo la prima forma descritta.

Commenti

I commenti a riga singola in C++ iniziano con doppie barre `//` e il compilatore li ignora del tutto, li usiamo per commentare o documentare il codice o come note:

```cpp
int main (){
  // questo è un commento
}
```

Possiamo avere più commenti su una sola riga:

```cpp
int main (){
  // questo è un commento
  // questo è un altro commento
}
```

I commenti su più righe iniziano con `/*` e terminano con `*/`. Sono anche conosciuti come commenti in stile C. Esempio:

```cpp
int main (){
```

```
/* Questo è un
commento su più righe * /
}
```

Hello World

Ora siamo pronti per dare una prima occhiata al nostro esempio "Hello World". Il seguente è il più semplice esempio di "Hello World" infatti stampa il classico messaggio di benvenuto "Hello World" nella finestra della console:

```cpp
#include <iostream>
int main(){
    std::cout << "Hello World.";
}
```

Che tu ci creda o no, l'analisi dettagliata e la spiegazione di questo esempio è lunga quasi 15 pagine. Potremmo approfondirla adesso, ma prima dobbiamo sapere cosa sono intestazioni, flussi, oggetti, operatori e stringhe letterali. Non preoccuparti, lo scopriremo presto. Ecco una breve spiegazione. L'istruzione `#include <iostream>` include l'intestazione `iostream` nel nostro codice del file sorgente tramite la direttiva `#include`. L'intestazione `iostream` fa parte della libreria standard.

Abbiamo la necessità di includerla per utilizzare l'oggetto `std::cout`, noto anche come flusso di output standard. L'operatore `<<` inserisce la nostra stringa Hello World in quel flusso di output. La stringa di caratteri è racchiusa tra virgolette doppie "" e il simbolo `;` segna la fine della dichiarazione o istruzione.

Le dichiarazioni sono parti del programma C++ che vengono eseguite e, come abbiamo appena visto, terminano con un punto e virgola; in C++.

Lo `std` è lo spazio dei nomi (anche detto namespace) della libreria standard e `::` è l'operatore di risoluzione dell'ambito. L'oggetto `cout` si trova all'interno dello spazio dei nomi `std` e per accedervi è necessario anteporre la chiamata con lo `std::`. Avremo più familiarità con tutti questi più avanti nel libro, in particolare con `std::`.

In definitiva e, in poche parole, `std::cout <<` è il modo naturale di fornire dati alla finestra standard di output / console in C++.Possiamo produrre più stringhe letterali separandole con più operatori `<<`:

```cpp
#include <iostream>
int main(){
  std::cout << "Una stringa." <<
"Un'altra stringa.";
}
```

Per eseguire l'output su una nuova riga, è necessario inserire un carattere di nuova riga

`\n`. I caratteri sono racchiusi tra virgolette singole `'\n'`. Ecco un esempio:

```cpp
#include <iostream>
int main()
{
  std::cout << "Prima riga" << '\ n' << "Seconda riga.";
}
```

Il carattere `\` rappresenta una sequenza di escape, un meccanismo per produrre determinati caratteri speciali come il carattere di nuova riga `'\n'`, virgolette singole `'\''` o un doppio carattere per le citazioni `'\"'`. I caratteri possono anche far parte della singola stringa letterale:

```cpp
#include <iostream>
int main()
{
 std::cout << "Prima riga \n Seconda riga.";
}
```

Molti esempi sul Web introducono l'intero spazio dei nomi `std` nell'ambito corrente del file tramite l'istruzione `using namespace std;` solo per poter digitare `cout` invece dello `std::cout`. Anche se questo potrebbe salvarci dalla digitazione di cinque caratteri aggiuntivi, è sbagliato per molte ragioni. Non vogliamo introdurre l'intero spazio dei nomi `std` nell'ambito corrente perché vogliamo evitare conflitti di nome e ambiguità.

Faresti bene a ricordare: non introdurre l'intero spazio dei nomi `std` in uno scope corrente tramite l'istruzione `using namespace std;`. Quindi, invece di questo approccio sbagliato:

```cpp
#include <iostream>
using namespace std; // Non farlo
int main()
{
  cout << "Un cattivo esempio.";
}
```

Usa il seguente:

```cpp
#include <iostream>
int main()
{
  std::cout << "Un buon esempio.";
}
```

Per le chiamate a oggetti e funzioni che risiedono all'interno dello spazio dei nomi `std`, aggiungi il prefisso `std::` dove necessario.

Capitolo 3: Tipi

Ogni entità ha un tipo ma cos'è un tipo? Un tipo è un insieme di possibili valori e operazioni. Le istanze di tipi sono chiamate oggetti e un oggetto è una parte della memoria che ha un valore di tipo particolare (da non confondere con un'istanza di una classe che è anche chiamata oggetto).

Booleani

C++ ha alcuni tipi incorporati o integrati. Spesso ci riferiamo ad essi come tipi fondamentali, una dichiarazione è un'istruzione che introduce un nome in un ambito corrente.

Dichiariamo una variabile `b` di tipo `bool`. Questo tipo contiene valori vero e falso (`true` e `false`).

```
int main()
{
 bool b;
}
```

Questo esempio dichiara una variabile `b` di tipo `bool`, questo è tutto. La variabile non lo è inizializzata infatti non è stato assegnato alcun valore al momento della costruzione. Per inizializzare una variabile, usiamo un operatore di assegnazione `=` seguito da un inizializzatore:

```
int main()
{
 bool b = true;
}
```

Possiamo anche usare le parentesi graffe `{}` per l'inizializzazione:

```cpp
int main()
{
 bool b{ true };
}
```

Questi esempi dichiarano una variabile (locale) `b` di tipo `bool` e la inizializzano con il valore vero. La nostra variabile ora contiene un valore vero (`true`). Tutte le variabili locali dovrebbero essere inizializzate infatti l'accesso a variabili non inizializzate produce un comportamento indefinito, abbreviato in UB.

Caratteri

Il tipo `char`, denominato tipo per un carattere, viene utilizzato per rappresentare un singolo carattere. Questo tipo può memorizzare caratteri come `'a'`, `'z'` ecc.

La dimensione di un tipo di carattere è esattamente un byte e i caratteri letterali sono racchiusi tra virgolette singole ' ' in C++.

Per dichiarare e inizializzare una variabile di tipo `char`, scriviamo:

```cpp
int main()
{
  char c = 'a';
}
```

Ora possiamo stampare il valore della nostra variabile `char`:

```cpp
#include <iostream>
int main()
{
  char c = 'a';
  std::cout << "Il valore della variabile
c è: " << c;
}
```

Una volta dichiarata e inizializzata, possiamo accedere alla nostra variabile e modificarne il valore:

```cpp
#include <iostream>
int main(){
  char c = 'a';
  std::cout << "Il valore della
variabile c è:" << c;
  c = 'Z';
  std::cout << "Il nuovo valore della
variabile c è:" << c;
}
```

La dimensione del tipo di carattere in memoria è solitamente un byte. Otteniamo la dimensione del tipo tramite l'operatore `sizeof`:

```cpp
#include <iostream>
int main()
{
 std::cout << "La dimensione del tipo
char è: " << sizeof(char)
<< " byte(s)";
}
```

Esistono altri tipi di caratteri come `wchar_t` per contenere i caratteri del set Unicode, `char16_t` per contenere i set di caratteri UTF-16, ma per ora, atteniamoci al semplice `char`.

Un carattere letterale è un carattere racchiuso tra virgolette singole. Ogni carattere è rappresentato da un numero intero nel set di caratteri, è per questo che possiamo assegnare sia letterali numerici (fino a un certo numero) che letterali carattere alla nostra variabile `char`:

```
int main()
{
 char c = 'a';
 // equivalente a...
 // char c = 97
}
```

Possiamo scrivere: `char c = 'a';` oppure possiamo scrivere `char c = 97;` che è lo stesso, poiché il carattere "a" nella tabella ASCII è rappresentato con il numero 97. Per la maggior parte, utilizzeremo letterali del carattere per rappresentare il valore di un oggetto `char`.

Interi

Un altro tipo fondamentale è `int` chiamato tipo intero. Lo usiamo per memorizzare valori integrali (numeri interi), sia negativi che positivi:

```cpp
#include <iostream>
int main()
{
  int x = 123;
  int y = -256;
  std::cout << "Il valore di x è:" << x
<< ", il valore di y è:" << y;
}
```

Qui abbiamo dichiarato e inizializzato due variabili di tipo `int`. La dimensione di un `int` è solitamente 4 byte. Possiamo anche inizializzare la variabile con un'altra variabile e riceverà una copia del suo valore. Abbiamo ancora due oggetti separati in memoria:

```cpp
#include <iostream>
int main()
```

```cpp
{
  int x = 123;
  int y = x;
  std::cout << "Il valore di x è:" << x
<< ", il valore di y è:" << y;
  // x è 123
  // y è 123
  x = 456;
  std::cout << "Il valore di x è:" << x
<< ", il valore di y è:" << y;
  // x è 456
  // y è ancora 123
}
```

Una volta dichiarata una variabile, accediamo e manipoliamo il nome della variabile in base al suo solo nome, senza il nome del tipo. I letterali interi possono essere decimali, ottali ed esadecimali, i letterali ottali iniziano con un prefisso di 0 e i letterali esadecimali iniziano con un prefisso di 0x.

```cpp
int main()
{
  int x = 10; // letterale decimale
  int y = 012; // letterale ottale
  int z = 0xA; // letterale esadecimale
}
```

Tutte queste variabili sono state inizializzate ad un valore di 10 rappresentato da differenti letterali interi. Per la maggior parte, utilizzeremo letterali decimali ma ci sono anche altri tipi interi come `int64_t` e altri, ma ci atterremo solo a `int` per convenienza.

Virgola mobile

Ci sono tre tipi a virgola mobile in C++: `float`, `double`, `long double`, ma lo ci atterremo solo al tipo `double` (doppia precisione). Lo usiamo per memorizzare valori in virgola mobile / numeri reali:

```cpp
#include <iostream>
int main()
{
  double d = 3.14;
  std::cout << "Il valore di d è:" << d;
}
```

Alcuni dei valori letterali in virgola mobile possono essere:

```
int main()
{
 double x = 213.456;
 double y = 1.;
 double z = 0.15;
 double w = .15;
 double d = 3.14e10;
}
```

Capitolo 4: Void e variabili

Il tipo `void` è un tipo senza valori. Ebbene, qual è lo scopo di questo tipo se non possiamo avere oggetti di questo tipo? Buona domanda. Anche se non possiamo avere oggetti di tipo `void`, possiamo avere funzioni di tipo `void` ovvero funzioni che non restituiscono un valore. Possiamo anche avere un tipo di puntatore `void` contrassegnato con `void *`.

I tipi possono anche avere modificatori. Alcuni dei modificatori sono `signed` e `unsigned`. Il modificatore `signed` (il valore predefinito se omesso) significa che il tipo può contenere valori sia positivi che negativi, `unsigned` significa che il tipo ha una rappresentazione senza segno.

Altri modificatori sono per la dimensione: il tipo `short` avrà una larghezza di almeno 16 bit e il tipo `long` avrà la larghezza di almeno 32 bit. Inoltre, ora possiamo combinare questi modificatori:

```cpp
#include <iostream>
int main()
{
  unsigned long int x = 4294967295;
  std::cout << "Il valore di una
variabile intera long senza segno è:" <<
x;
}
```

Ricorda che il tipo `int` è `signed` per impostazione di default.

Variabili

L'introduzione di un nome in un ambito corrente è chiamata dichiarazione. Stiamo facendo sapere al mondo che c'è un nome (una variabile, per esempio) di qualche tipo, d'ora in poi nella scope corrente. In una dichiarazione, anteponiamo al nome della variabile il nome del tipo. Ecco un esempio:

```
int main()
{
 char c;
 int x;
 double d;
}
```

Possiamo dichiarare più nomi sulla stessa riga:

```
int main()
{
  int x, y, z;
}
```

Se è presente un inizializzatore per un oggetto, allora chiamiamo il processo di inizializzazione. Dichiariamo e inizializziamo un oggetto su un valore specifico. Possiamo inizializzare un oggetto in vari modi:

```
int main()
{
  int x = 123;
  int y{ 123 };
  int z = { 123 };
}
```

Una definizione di variabile sta impostando un valore in memoria per un nome. La definizione sta facendo in modo che possiamo accedere ed utilizzare quel nome nel nostro programma. In parole povere, è una dichiarazione seguita da un'inizializzazione (per le variabili) seguita da un punto e virgola. La definizione è anche una dichiarazione (o istruzione). Ecco alcuni esempi di definizioni:

```
int main()
{
  char c = 'a';
  int x = 123;
  double d = 456.78;
}
```

Verifica le tue competenze

1. Scrivi un programma che contenga un commento e restituisca "Hello World". su una riga e "C++ mi piace!" su una nuova riga.

2. Scrivi un programma che dichiari tre variabili all'interno della funzione principale. Le variabili sono di tipo `char`, `int` e `double`. I nomi delle variabili sono arbitrari. Dal momento che non usiamo alcun input o output, non è necessario includere l'intestazione `<iostream>`.

3. Scrivi un programma che definisca tre variabili all'interno della funzione principale. Le variabili sono di tipo `char`, `int` e `double`, con nomi delle variabili arbitrari. Inizializza e stampa le variabili su righe diverse.

Capitolo 5: Operatori

L'operatore di assegnazione = assegna un valore a una variabile / oggetto:

```cpp
int main()
{
  char mioCarattere = 'c'; // definisce una variabile char mioCarattere
  mioCarattere = 'd';// assegna un nuovo valore a mioCarattere
  int x = 123;// definisce una variabile intera x
  x = 456;// assegna un nuovo valore a x
  int y = 789;// definisce una nuova variabile intera y
  y = x;// assegnandogli un valore di x
}
```

Possiamo eseguire operazioni aritmetiche utilizzando operatori aritmetici. Alcuni di loro sono:

```cpp
+ // addizione
- // sottrazione
* // moltiplicazione
/ // divisione
% // modulo
```

Vediamo qualche esempio:

```cpp
#include <iostream>
int main()
{
  int x = 123;
  int y = 456;
  int z = x + y;
  z = x - y;
  z = x * y;
  z = x / y;
  std::cout << "Il valore di z è:" << z
<< '\n';
}
```

La divisione intera, nel nostro esempio, restituisce un valore pari a 0. Questo avviene perchè il risultato della divisione intera in cui entrambi gli operandi sono interi viene troncata verso gli zeri . Nell'espressione x / y, x e y sono operandi mentre / è l'operatore. Se vogliamo un risultato in virgola mobile, dobbiamo usare il tipo double e assicurarci che almeno uno degli operandi di divisione sia di tipo double:

```cpp
#include <iostream>
```

```cpp
int main()
{
  int x = 123;
  double y = 456;
  double z = x / y;
  std::cout <<  "Il valore di z è:" << z
<< '\n';
}
```

Allo stesso modo possiamo avere con lo stesso risultato:

```cpp
#include <iostream>
int main()
{
  double z = 123 / 456.0;
  std::cout <<  "Il valore di z è:" << z
<< '\n';
}
```

Operatori composti

Gli operatori di assegnazione composta ci consentono di eseguire un'operazione aritmetica e assegnare un risultato con un operatore:

```cpp
+= // addizione composta
-= // sottrazione composta
*= // moltiplicazione composta
/= // divisione composta
%= // modulo composto
```

Ecco un esempio:

```cpp
#include <iostream>
int main()
{
 int x = 123;
 x += 10; // equivale a x = x + 10
 x -= 10; // equivale a x = x - 10
 x *= 2; // equivale a x = x * 2
 x /= 3; // equivale a x = x / 3
 std::cout <<  "Il valore di x è:" << x
<< '\n';
}
```

Incremento e decremento

Gli operatori di incremento e decremento hanno un nome auto-esplicativo, servono ad aumentare o diminuire il valore dell'oggetto. Gli operatori sono:

```cpp
++ x // operatore pre-incremento
x ++ // operatore post-incremento
--x // operatore di pre-decremento
x-- // operatore di post-decremento
```

Ecco un esempio di come usarli:

```cpp
#include <iostream>
int main()
{
 int x = 123;
 x++; // aggiunge 1 al valore di x
 ++x; // aggiunge 1 al valore di x
 --x; // decrementa il valore di x di 1
 x--; // decrementa il valore di x di 1
 std::cout << "Il valore di x è: " << x;
}
```

Entrambi gli operatori pre-incremento e post-incremento aggiungono 1 unità al valore del nostro oggetto e, sia gli operatori di pre-decremento che quelli di post-decremento sottraggono una unità dal valore del nostro oggetto. La differenza tra i due, a parte il meccanismo di attuazione (in senso molto ampio), è che con l'operatore di pre-incremento, il valore 1 viene aggiunto prima.

Solo dopo l'oggetto viene valutato / usato in un'espressione.

Con il post-incremento, l'oggetto viene valutato / usato, dopodiché viene aggiunto il valore 1. Tuttavia, per l'istruzione successiva, non fa differenza. Il valore dell'oggetto è lo stesso, indipendentemente dalla versione dell'operatore utilizzata. L'unica differenza è la tempistica all'interno dell'espressione in cui viene utilizzato.

Gestire l'input

C++ fornisce servizi per accettare input da un utente. Possiamo pensare allo standard input come la nostra tastiera. Un semplice esempio che accetta un numero intero e lo stampa è:

```cpp
#include <iostream>
int main()
```

```cpp
{
  std::cout << "Immettere un numero e
premere invio: ";
  int x = 0;
  std::cin >> x;
  std::cout << "Hai inserito: " << x;
}
```

Lo `std::cin` è il flusso di input standard e utilizza l'operatore `>>` per estrarre ciò che è stato letto nella nostra variabile. L'istruzione `std::cin >> x;` significa: leggi da un input standard e assegna nella variabile `x`. L'oggetto `cin` risiede all'interno dello spazio dei nomi `std`, quindi, `std::cout <<` viene utilizzato per l'output dei dati (su uno schermo) e `std::cin >>` viene utilizzato per l'immissione dei dati (dalla tastiera).

Possiamo accettare più valori dallo standard input separandoli con più operatori `>>`:

```cpp
#include <iostream>
int main()
{
```

```cpp
  std::cout << "Immettere due numeri
separati da uno spazio e premere Invio:
";
 int x = 0;
 int y = 0;
 std::cin >> x >> y;
 std::cout << "Hai inserito: " << x << "
e " << y;
}
```

Possiamo accettare valori di diverso tipo:

```cpp
#include <iostream>
int main()
{
 std::cout << "Inserisci un carattere,
un numero intero e un double:";
 char c = 0;
 int x = 0;
 double d = 0.0;
 std::cin >> c >> x >> d;
 std::cout << "Hai inserito: " << c <<
", " << x << " e " << d;
}
```

Verifica le tue competenze

1. Scrivi un programma che accetti un numero intero dallo standard input e poi stampalo.

2. Scrivi un programma che accetti due numeri interi dallo standard input e stampali.

3. Scrivi un programma che accetti due numeri `int`, li sommi e assegni un risultato a un terzo intero. Stampa il risultato.

Capitolo 6: Array

Gli array sono sequenze di oggetti dello stesso tipo. Possiamo dichiarare un array di tipo `char` come segue:

```cpp
int main()
{
  char arr[5];
}
```

Questo esempio dichiara un array di 5 caratteri. Per dichiarare un array di tipo `int` che contiene cinque elementi, useremmo:

```cpp
int main()
{
  int arr[5];
}
```

Per inizializzare un array, possiamo usare l'elenco di inizializzazione `{}`:

```cpp
int main()
```

```
{
  int arr[5] = { 10, 20, 30, 40, 50 };
}
```

L'elenco di inizializzazione nel nostro esempio {10, 20, 30, 40, 50} è contrassegnato da parentesi graffe ed elementi separati da virgole. Questo elenco di inizializzazione inizializza il nostro array con i valori nell'elenco. Il primo elemento della matrice ora ha un valore pari a 10; il secondo elemento dell'array ha un valore pari a 20 ecc. L'ultimo (quinto) elemento dell'array ha un valore pari a 50. Possiamo accedere ai singoli elementi dell'array tramite l'operatore [] e un indice. Il primo elemento dell'array ha indice 0 e vi accediamo tramite:

```
int main()
{
  int arr[5] = { 10, 20, 30, 40, 50 };
  arr[0] = 100; // cambia il valore del
primo elemento dell'array
}
```

Poiché l'indicizzazione inizia da 0 e non da 1, l'ultimo elemento dell'array ha un indice pari a 4:

```cpp
int main()
{
  int arr[5] = { 10, 20, 30, 40, 50 };
  arr[4] = 500; // cambia il valore
dell'ultimo elemento dell'array
}
```

Quindi, quando si dichiara un array, scriviamo quanti elementi vogliamo dichiarare, ma quando si accede agli elementi dell'array, è necessario ricordare che l'indicizzazione inizia da 0 e termina con il numero di elementi - 1. Detto questo, nel moderno C++, dovremmo preferirei `std::array` e `std::vector` rispetto agli array standard.

Capitolo 7: Puntatori e riferimenti

Gli oggetti risiedono nella memoria. E finora abbiamo imparato come accedere e manipolare oggetti tramite variabili. Un altro modo per accedere a un oggetto in memoria è attraverso puntatori. Ogni oggetto in memoria ha il suo tipo e un indirizzo. Questo ci consente di accedere all'oggetto tramite un puntatore. Quindi, i puntatori sono tipi che possono contenere l'indirizzo di un particolare oggetto. Solo a scopo illustrativo, dichiareremo un puntatore non utilizzato che può puntare a un oggetto `int`:

```cpp
int main()
{
  int* p;
}
```

Diciamo che `p` è di tipo `int*`. Per dichiarare un puntatore che punta a un `char` (oggetto) dichiariamo un puntatore di tipo `char*`:

```cpp
int main()
{
  char* p;
}
```

Nel nostro primo esempio, abbiamo dichiarato un puntatore di tipo `int*`. Per farlo puntare a un oggetto `int` esistente in memoria, usiamo l'operatore address-of `&`. Diciamo che `p` punta a `x`.

```cpp
int main()
{
  int x = 123;
  int* p = &x;
}
```

Nel nostro secondo esempio abbiamo dichiarato un puntatore di tipo `char*` e, analogamente, abbiamo:

```cpp
int main()
{
 char c = 'a';
 char* p = &c;
}
```

Per inizializzare un puntatore che non punta a nessun oggetto possiamo usare il letterale `nullptr`:

```cpp
int main()
{
 char* p = nullptr;
}
```

Si dice che `p` sia ora un puntatore nullo. I puntatori sono variabili / oggetti, proprio come qualsiasi altro tipo di oggetto. Il loro valore è l'indirizzo di un oggetto, una posizione di memoria in cui è archiviato l'oggetto. Per accedere a un valore memorizzato in un oggetto puntato da un puntatore, dobbiamo dereferenziare un puntatore.

La dereferenziazione viene eseguita anteponendo al nome di un puntatore (variabile) l'operatore di dereferenziazione *:

```cpp
int main()
{
 char c = 'a';
 char* p = &c;
 char d = *p;
}
```

Per stampare il valore del puntatore dereferenziato, possiamo usare:

```cpp
#include <iostream>
int main()
{
 char c = 'a';
 char* p = &c;
 std::cout << "Il valore del puntatore dereferenziato è:" << *p;
}
```

Ora, il valore del puntatore dereferenziato *p è semplicemente 'a'. Allo stesso modo, per un puntatore ad un intero avremmo:

```cpp
#include <iostream>
```

```cpp
int main()
{
  int x = 123;
  int* p = &x;
  std::cout << "Il valore del puntatore
dereferenziato è:" << *p;
}
```

E il valore del puntatore dereferenziato, in questo caso, sarebbe 123. Possiamo cambiare il valore dell'oggetto puntato tramite un puntatore dereferenziato:

```cpp
#include <iostream>
int main()
{
  int x = 123;
  int* p = &x;
  *p = 456; // cambia il valore
dell'oggetto puntato
  std::cout << "Il valore di x è:" << x;
}
```

Riferimenti

Un altro concetto (in qualche modo) simile è un tipo di riferimento. Un tipo di riferimento è un alias di un oggetto esistente in memoria. I riferimenti devono essere inizializzati. Descriviamo un tipo di riferimento come nome del tipo seguito da una e commerciale &. Esempio:

```
int main()
{
  int x = 123;
  int& y = x;
}
```

Ora abbiamo due nomi diversi che si riferiscono allo stesso oggetto int in memoria. Se assegnassimo un valore diverso a uno di essi, entrambi cambieranno perché fanno riferimento allo stesso oggetto in memoria, anche se stiamo usando due nomi diversi:

```
int main()
{
  int x = 123;
  int& y = x;
  x = 456;
  // sia x che y ora contengono il valore
di 456
  y = 789;
```

```cpp
  // sia x che y ora contengono il valore
  di 789
}
```

Un altro concetto è un riferimento `const`, che è un alias di sola lettura per un oggetto.

```cpp
int main()
{
  int x = 123;
  const int& y = x;
  x = 456;
  // sia x che y ora contengono il valore
  di 456
}
```

Per ora, supponiamo che siano alias, un diverso nome per un oggetto esistente. È importante non confondere l'uso di `*` in una dichiarazione del tipo di puntatore come `int* p;` e l'uso di `*` quando si dereferenzia un puntatore come `*p = 456`. Sebbene sia lo stesso protagonista, viene utilizzato in due contesti differenti.

È importante non confondere l'uso di e commerciale `&` nella dichiarazione del tipo di riferimento come `int& y = x;` e l'uso della e commerciale come operatore di indirizzo `int* p = &x`. Lo stesso simbolo letterale viene utilizzato per due cose diverse.

Capitolo 8: Stringhe

In precedenza, abbiamo menzionato la stampa di una stringa letterale come "Hello World" nello standard output tramite:

```cpp
std::cout << "Hello World";
```

Possiamo memorizzare questi letterali all'interno del tipo `std::string`. La libreria standard C++ offre un tipo composto chiamato `string` o piuttosto `std::string` in quanto fa parte dello spazio dei nomi `std`. Lo usiamo per memorizzare e manipolare le stringhe, per usare il tipo `std::string`, dobbiamo includere l'intestazione `<string>` nel nostro programma:

```cpp
#include <string>
int main()
{
  std::string s = "Hello World.";
}
```

Per stampare questa stringa sullo standard output usiamo:

```cpp
#include <iostream>
#include <string>
int main()
{
 std::string s = "Hello World.";
 std::cout << s;
}
```

Concatenazione

Possiamo aggiungere una stringa letterale alla nostra stringa utilizzando l'operatore composto +=:

```cpp
#include <iostream>
#include <string>
int main()
{
 std::string s = "Hello ";
 s += "World.";
 std::cout << s;
}
```

Possiamo aggiungere un carattere alla nostra stringa usando l'operatore +=:

```cpp
#include <iostream>
#include <string>
int main()
{
 std::string s = "Ciao";
 char c = '!';
 s += c;
 std::cout << s;
}
```

Possiamo aggiungere un'altra stringa alla nostra stringa usando l'operatore +. Diciamo che concateniamo le stringhe:

```cpp
#include <iostream>
#include <string>
int main()
{
 std::string s1 = "Hello ";
 std::string s2 = "World.";
 std::string s3 = s1 + s2;
 std::cout << s3;
}
```

Il tipo `string` è il cosiddetto modello di classe. Per ora, ci interessa sapere che questa classe offre alcune funzionalità (funzioni membro) per lavorare con le stringhe.

Accesso e confronto

È possibile accedere ai singoli caratteri di una stringa tramite un operatore `[]` o tramite la funzione `.at(indice)`. L'indice, come sappiamo, inizia da 0. Esempio:

```cpp
#include <iostream>
#include <string>
int main()
{
  std::string s = "Hello World.";
  char c1 = s[0]; // 'H'
  char c2 = s.at(0); // 'H';
  char c3 = s[6]; // 'W'
  char c4 = s.at(6); // 'W';
  std::cout << "Primo carattere:" << c1
<< ", sesto carattere:" << c3;
}
```

Una stringa può essere confrontata con stringhe letterali e altre stringhe utilizzando l'operatore di uguaglianza ==. Ecco il confronto di una stringa con una stringa letterale:

```cpp
#include <iostream>
#include <string>
int main()
{
 std::string s1 = "Hello";
 if (s1 == "Hello")
 {
   std::cout << "La stringa è uguale a \"Hello\"";
 }
}
```

Il confronto di una stringa con un'altra stringa viene eseguito utilizzando l'operatore di uguaglianza ==:

```cpp
#include <iostream>
#include <string>
int main()
{
 std::string s1 = "Hello";
 std::string s2 = "World.";
 if (s1 == s2)
```

```cpp
{
  std::cout << "Le stringhe sono
uguali.";
  }
  else
  {
  std::cout << "Le stringhe non sono
uguali.";
  }
}
```

Il modo preferito per accettare una stringa
dallo standard input è tramite la funzione
`std::getline` che accetta `std::cin` e la
nostra stringa come parametri:

```cpp
#include <iostream>
#include <string>
int main()
{
 std::string s;
 std::cout << "Immettere una stringa: ";
 std::getline(std::cin, s);
 std::cout << "Hai inserito: " << s;
}
```

Usiamo `std::getline` perché la nostra stringa
può contenere spazi bianchi. Se avessimo
usato la funzione `std::cin` da sola, essa

avrebbe accettato solo una parte della stringa. La funzione `std::getline` ha la seguente firma:

```
std::getline(read_from,in);
```

La funzione legge una riga di testo dallo standard input (`std::cin`) in una variabile di tipo stringa (`s`). Una regola pratica: se abbiamo bisogno di usare il tipo `std::string`, includi l'intestazione `<string>` esplicitamente.

Una stringa ha una funzione `.c_str()` che restituisce un puntatore al suo primo elemento. È anche detto che restituisce un puntatore a un array di caratteri `null` di cui è composta la nostra stringa:

```cpp
#include <iostream>
#include <string>
int main()
{
  std::string s = "Hello World.";
  std::cout << s.c_str();
}
```

Questa funzione è di tipo `const char*` ed è utile quando vogliamo passare la nostra variabile `std::string` a una funzione che accetta un parametro `const char*`.

Sottostringhe

Per creare una sottostringa da una stringa, usiamo la funzione `.substr()`. La funzione restituisce una sottostringa che inizia in una certa posizione nella stringa principale ed è di una certa lunghezza. La firma della funzione è:

```
.substring (starting_position, length)
```

Ecco un esempio:

```cpp
#include <iostream>
#include <string>
int main()
{
```

```cpp
std::string s = "Hello World.";
std::string sottostringa = s.substr(6,
5);
std::cout << "Il valore della
sottostringa è:" << sottostringa;
}
```

In questo esempio, abbiamo la stringa principale che contiene il valore di "Hello World". Poi creiamo una sottostringa che ha solo il valore "World". La sottostringa inizia dal sesto carattere della stringa principale e la sua lunghezza è di cinque caratteri.

Per trovare una sottostringa in una stringa, usiamo la funzione `.find()`. Se viene trovata la sottostringa, la funzione restituisce la posizione della prima sottostringa trovata. Questa posizione è la posizione del carattere in cui la sottostringa inizia nella stringa principale. Se la sottostringa non viene trovata, la funzione restituisce un valore che è `std::string::npos`.

La funzione stessa è di tipo `std::string::size_type`. Per trovare una sottostringa "Hello" all'interno della stringa "Cerca Hello nella stringa Hello World", scriviamo:

```cpp
#include <iostream>
#include <string>
int main()
{
 std::string s = "Cerca Hello nella
stringa Hello World.";
 std::string stringadacercare = "Hello";
 std::string::size_type trovata =
s.find(stringadacercare);
 if (trovata != std::string::npos)
 {
   std::cout << "Sottostringa trovata
nella posizione:" << trovata;
 }
 else
 {
   std::cout << "La sottostringa non è
stata trovata.";
 }
}
```

Qui abbiamo la stringa principale e una sottostringa che vogliamo trovare. Forniamo la sottostringa alla funzione `.find()` come argomento. Memorizziamo il valore di ritorno della funzione nella variabile `trovata`, quindi, controlliamo il valore di questa variabile.

Se il valore non è uguale a `std::string::npos`, la sottostringa è stata trovata. Stampiamo il messaggio e la posizione del carattere nella stringa principale, dove è stata trovata la nostra sottostringa.

Verifica le tue competenze

1. Scrivi un programma che definisca e inizializzi un array di cinque double. Cambia e stampa i valori del primo e dell'ultimo elemento dell'array.
2. Scrivi un programma che definisca un oggetto di tipo double. Definisci un

puntatore che punti a quell'oggetto. Stampa il valore dell'oggetto puntato dereferenziando un puntatore.

3. Scrivi un programma che definisca un oggetto di tipo double chiamato mioDouble. Definisci un oggetto di tipo di riferimento chiamato mioRif e inizializzalo con mioDouble. Modifica il valore del mioRif e stampa il valore dell'oggetto utilizzando sia il riferimento che la variabile originale. Modifica il valore di mioDouble. Stampa il valore di entrambi gli oggetti.

4. Scrivi un programma che crei due sottostringhe dalla stringa principale. La stringa principale è composta da nome e cognome ed è uguale a "Antonio Rossi". La prima sottostringa è il nome, la seconda sottostringa è il cognome. Stampa la stringa principale e due sottostringhe di seguito.

Capitolo 9: Istruzioni

In precedenza, abbiamo descritto le istruzioni come comandi e pezzi di codice che vengono eseguiti in un determinato ordine. Sappiamo che le espressioni che terminano con un punto e virgola sono istruzioni. Il linguaggio C++ viene fornito con alcune istruzioni incorporate. Inizieremo con le dichiarazioni di selezione.

Selezione

Le dichiarazioni di selezione ci consentono di verificare le condizioni d'uso e, in base a tale condizione, eseguire le istruzioni appropriate. Quando vogliamo eseguire un'istruzione o più istruzioni basate su una condizione, usiamo l'istruzione `if`. Un'istruzione `if` appare in questo modo:

```
if (condizione) istruzione
```

L'istruzione viene eseguita solo se la condizione è vera. Esempio:

```cpp
#include <iostream>
int main()
{
 bool b = true;
 if (b) std::cout << "La condizione è
vera.";
}
```

Per eseguire più istruzioni se la condizione è vera, utilizziamo l'ambito del blocco `{}`:

```cpp
#include <iostream>
int main()
{
 bool b = true;
 if (b)
 {
 std::cout << "Questa è una prima
istruzione.";
 std::cout << "\nQuesta è una seconda
istruzione.";
 }
}
```

Un'altra forma è l'istruzione `if-else`:

```
if(condizione)        istruzione1        else
istruzione2
```

Se la condizione è vera, viene eseguita la prima istruzione, altrimenti la seconda ovvero quella definita dopo la parola chiave `else`. Ecco un esempio:

```cpp
#include <iostream>
int m.ain()
{
 bool b = false;
 if (b) std::cout << "La condizione è vera.";
 else std::cout << "La condizione è falsa.";
}
```

Per eseguire più istruzioni nel ramo `if` o `else`, usiamo le parentesi graffe definendo dei blocchi `{}`:

```cpp
#include <iostream>
int main()
{
 bool b = false;
 if (b)
```

```cpp
{
  std::cout << "La condizione è vera.";
  std::cout << "\nQuesta è la seconda
istruzione.";
 }
 else
 {
  std::cout << "La condizione è falsa.";
  std::cout << "\nQuesta è la seconda
istruzione.";
 }
}
```

Una semplice istruzione if può anche essere scritta come espressione condizionale. Quello che segue è una semplice istruzione `if`:

```cpp
#include <iostream>
int main()
{
 bool condizione = true;
 int x = 0;
 if (condizione)
 {
  x = 1;
 }
 else
 {
  x = 0;
 }
 std::cout << "Il valore di x è: " << x
<< '\n';
}
```

Per riscrivere l'esempio precedente utilizzando un'espressione condizionale, scriviamo:

```cpp
#include <iostream>
int main()
{
 bool condizione = true;
 int x = 0;
 x = (condizione) ? 1 : 0;
 std::cout << "Il valore di x è: " << x
<< '\n';
}
```

L' espressione condizionale usa l'operatore unario ?, che controlla il valore della condizione. Se la condizione è vera, restituisce l'espressione subito dopo l'operatore. Se la condizione è falsa, esso restituisce l'espressione dopo i due punti. Può essere pensato come un modo per sostituire una semplice istruzione if-else con una sola riga.

Gli operatori logici eseguono operazioni logiche AND, OR, NOT sui propri operandi. Il primo è l'operatore `&&`, che è un operatore logico AND. Il risultato di un AND logico con due operandi è vero se entrambi gli operandi sono veri. Esempio:

```cpp
#include <iostream>
int main()
{
 bool a = true;
 bool b = true;
 if (a && b)
 {
  std::cout << "L'intera condizione è vera.";
 }
 else
 {
  std::cout << "L'intera condizione è falsa.";
 }
}
```

Il prossimo operatore è `||`, che è un operatore per l'OR logico. Il risultato di un OR logico è sempre vero tranne quando entrambi gli operandi sono falsi. Ecco un esempio:

```cpp
#include <iostream>
int main()
{
 bool a = false;
 bool b = false;
 if (a || b)
 {
   std::cout << "L'intera condizione è
vera.";
 }
 else
 {
   std::cout << "L'intera condizione è
falsa.";
 }
}
```

Il successivo operatore logico è l'operatore di
negazione rappresentato dal simbolo `!`.
L'operatore nega il valore del suo unico
operando sul lato destro. Trasforma il valore
di `true` in `false` e viceversa. Esempio:

```cpp
#include <iostream>
int main()
{
 bool a = true;
 if (!a)
 {
   std::cout << "L'intera condizione è
vera.";
 }
```

```cpp
  else
  {
    std::cout << "L'intera condizione è
falsa.";
  }
}
```

Gli operatori di confronto sono sempre istruzioni di selezione e ci consentono di confrontare i valori degli operandi. Gli operatori di confronto sono: minore di $<$, minore o uguali a $<=$, maggiore di $>$, maggiore o uguali a $>=$, uguale a $==$, non uguale a $!=$.

Possiamo usare l'operatore di uguaglianza $==$ per verificare se i valori degli operandi sono uguali:

```cpp
#include <iostream>
int main()
{
  int x = 5;
  if (x == 5)
  {
  std::cout << "Il valore di x è uguale a
5.";
  }
}
```

Caso d'uso per altri operatori di confronto:

```cpp
#include <iostream>
int main()
{
  int x = 10;
  if (x > 5)
  {
    std::cout << "Il valore di x è
maggiore di 5.";
  }
  if (x >= 10)
  {
    std::cout << "\nIl valore di x è
maggiore o uguale a 10.";
  }
  if (x != 20)
  {
    std::cout << "\nIl valore di x non è
uguale a 20.";
  }
  if (x == 20)
  {
    std::cout << "\nIl valore di x è
uguale a 20.";
  }
}
```

Ora possiamo usare sia operatori logici che di confronto nella stessa condizione:

```cpp
#include <iostream>
int main()
{
  int x = 10;
  if (x > 5 && x < 15)
  {
  std::cout << "Il valore di x è maggiore
di 5 e minore di 15.";
  }
  bool b = true;
  if (x >5 && b)
  {
  std::cout << "\nIl valore di x è
maggiore di 5 e b è vero.";
  }
}
```

Qualsiasi valore letterale, oggetto o espressione convertibile implicitamente in `true` o `false` può essere usato come condizione:

```cpp
#include <iostream>
int main()
{
  if (1) // letterale 1 è convertibile in
vero
  {
  std::cout << "La condizione è vera.";
  }
}
```

Se usassimo una variabile intera con un valore diverso da 0, il risultato sarebbe vero:

```cpp
#include <iostream>
int main()
{
 int x = 10; // se x fosse 0, la
condizione sarebbe falsa
 if (x)
 {
  std::cout << "La condizione è vera.";
 }
 else
 {
  std::cout << "La condizione è falsa.";
 }
}
```

È buona norma usare i blocchi di codice {} all'interno dei rami dell'istruzione if, anche se c'è solo un'istruzione da eseguire.

L'istruzione switch è simile ad avere più istruzioni if. Controlla il valore della condizione (che deve essere intera o un valore enum) e, in base a quel valore, viene eseguito il codice all'interno di una data serie di etichette `case`. Se nessuna delle istruzioni case è uguale alla condizione, viene eseguito il codice all'interno dell'etichetta `default`. Sintassi generale:

```cpp
switch (condizione)
{
case valore1:
  istruzione(i);
  break;
case valore2:
  istruzione(i);
  break;
  ...
default:
  istruzione(i);
  break;
}
```

Un semplice esempio che verifica il valore dell'intero x ed esegue il codice appropriato etichetta `case`:

```cpp
#include <iostream>
int main()
{
  int x = 3;
  switch (x)
  {
  case 1:
```

```cpp
    std::cout << "Il valore di x è 1.";
    break;
  case 2:
    std::cout << "Il valore di x è 2.";
    break;
  case 3:
    std::cout << "Il valore di x è 3."; //
sarà eseguita questa istruzione
    break;
  default:
    std::cout << "Il valore non è nessuno
dei precedenti.";
    break;
  }
}
```

L'istruzione `break` esce dall'istruzione `switch`. Se non ci fossero dichiarazioni `break`, il codice sarebbe verrebbe eseguito in cascata istruzione per istruzione indipendentemente dal valore `x`. Dobbiamo mettere delle interruzioni in tutti i `case` e in `default`.

Iterazione

Se abbiamo bisogno di codice da eseguire più volte, usiamo le istruzioni di iterazione. Queste istruzioni eseguono del codice in un ciclo. Il codice in loop viene eseguito 0, 1 o più volte, a seconda dell'istruzione e della condizione.

L'istruzione `for` esegue il codice in un ciclo e l'esecuzione dipende dalla condizione. La sintassi generale dell'istruzione `for` è:

```
for    (inizializzazione;    condizione;
espressione) {// esegue del codice}
```

Un semplice esempio:

```cpp
#include <iostream>
int main()
{
 for (int i = 0; i < 10; i++)
 {
 std::cout << "Il valore è: " << i <<
'\n';
 }
}
```

Questo esempio esegue il codice all'interno del ciclo `for` dieci volte. L'istruzione di inizializzazione `int i = 0;` serve ad impostare il contatore a 0. La condizione è: `i <10;` e l'espressione è `i++`.

Una semplice spiegazione: inizializza un contatore a 0, controlla se il contatore è minore di 10, esegui

```cpp
std::cout << "Il valore è: " << i << '\n';
```

all'interno del blocco di codice e incrementa il contatore `i` di 1 unità. Quindi, il codice all'interno del blocco di codice continuerà l'esecuzione fintanto che la condizione `i <10` è vera. Quando il contatore diventa pari a 10, la condizione è non è più vera e il ciclo `for` termina. Se volessimo eseguire qualcosa 20 volte, imposteremo una condizione diversa:

```cpp
#include <iostream>
int main()
{
```

```cpp
for (int i = 0; i < 20; i++)
{
std::cout << "Il valore è: " << i <<
'\n';
 }
}
```

L'istruzione while esegue il codice finché la condizione non diventa falsa. La sintassi per il ciclo while è:

```cpp
while (condizione) {// esegue del codice}
```

Finché la condizione è vera, il ciclo while continuerà a eseguire il codice. Quando la condizione diventa falsa, il ciclo while termina. Esempio:

```cpp
#include <iostream>
int main()
{
 int x = 0;
 while (x < 10)
 {
  std::cout << "Il valore è: " << i <<
'\n';
  x++;
 }
}
```

Il codice in questo esempio viene eseguito dieci volte. Dopo ogni iterazione, viene valutata la condizione `x<10` e finché è uguale a `true`, il codice nel blocco verrà eseguito. Quando la condizione diventa falsa, il ciclo `while` termina. In questo esempio, incrementiamo il valore di `x` in ogni iterazione. E una volta che diventa 10, il ciclo termina.

L'istruzione `do` è simile all'istruzione `while`, ma la condizione viene dopo il corpo del ciclo. Il codice all'interno dell'istruzione `do` è garantito che verrà eseguito almeno una volta. La sintassi è:

```
do    {//esegui   del   codice}   while
(condizione);
```

Se usassimo l'esempio precedente, il codice sarebbe:

```
#include <iostream>
int main()
{
```

```cpp
int x = 0;
do
{
  std::cout << "Il valore è: " << i <<
'\n';
  x++;
} while (x < 10);
}
```

L'istruzione `do` è usata raramente ed è meglio evitarla quando non si sa usare bene. Nota che esiste anche un'istruzione di iterazione chiamata `for` basato su intervalli (range-for).

Verifica le tue competenze

1. Scrivi un programma che definisca una variabile booleana il cui valore è falso. Usa la variabile come condizione all'interno dell'istruzione `if`.

2. Scrivi un programma che definisca una variabile di tipo `int` e assegna il valore

di 256 alla variabile. Verifica se il valore di questa variabile è maggiore di 100 e minore di 300. Quindi, definisci una variabile booleana con valore `true`. Controlla se il numero `int` è maggiore di 100 o valore di una variabile `bool` è vero. Definisci una seconda variabile `bool` il cui valore sarà la negazione della prima variabile `bool`.

3. Scrivi un programma che definisca una semplice variabile intera con un valore di 3. Utilizzare l'istruzione `switch` per verificare se il valore è compreso nell'intervallo [1..4]

4. Scrivi un programma che definisca un array di 5 numeri interi. Usa il ciclo `for` per stampare gli elementi dell'array e i suoi indici.

Capitolo 10: Funzioni

Possiamo suddividere il nostro codice C++ in blocchi più piccoli chiamati funzioni. Una funzione ha un tipo di ritorno, un nome, un elenco di parametri in una dichiarazione e un corpo di funzione aggiuntivo in una definizione. Una semplice definizione di funzione è:

```
tipo nome_funzione (argomenti) {
 dichiarazione;
 dichiarazione;
 restituisci qualcosa;
}
```

Per dichiarare una funzione, dobbiamo specificare il tipo restituito, un nome e un elenco di parametri, se presenti. Per dichiarare una funzione chiamata miaFunzione di tipo `void` che non accetta parametri, scriviamo:

```
void miaFunzione();
int main()
{
}
```

Il tipo `void` è un tipo che non rappresenta nulla, un insieme vuoto di valori. Per dichiarare una funzione di tipo `int` che accetta un parametro, possiamo scrivere:

```
int quadrato (int x);
int main()
{
}
```

Per dichiarare una funzione di tipo `int`, che accetta, ad esempio, due parametri `int`, possiamo scrivere:

```
int somma(int x, int y);
int main()
{
}
```

Solo nella dichiarazione di funzione, possiamo omettere i nomi dei parametri, ma è necessario specificare i loro tipi:

```cpp
int somma(int, int);
int main()
{
}
```

Per essere richiamata in un programma, è necessario prima definire una funzione. Una definizione di funzione ha tutto ciò che ha una dichiarazione di funzione, più il corpo della funzione. Abbiamo un tipo di ritorno, un nome di funzione, un elenco di parametri di funzione, se presenti, e un corpo di funzione. Esempio:

```cpp
#include <iostream>
void miaFunzione(); // dichiarazione di
funzione
int main()
{
}

// definizione della funzione
void miaFunzione() {
```

```cpp
  std::cout << "Hello World da una
funzione.";
}
```

Per definire una funzione che accetta un parametro, possiamo scrivere:

```cpp
int quadrato(int x); // dichiarazione di
funzione
int main()
{
}
// definizione della funzione
int quadrato(int x) {
  return x * x;
}
```

Per chiamare questa funzione nel nostro programma, specifichiamo il nome della funzione seguito da parentesi vuote poiché la funzione non ha parametri:

```cpp
#include <iostream>
void miaFunzione(); // dichiarazione
int main()
{
  miaFunzione(); // invocazione
}
// definizione
```

```cpp
void miaFunzione() {
  std::cout << "Hello World da una
funzione.";
}
```

Per chiamare una funzione che accetta un parametro, possiamo usare:

```cpp
#include <iostream>
int quadrato(int x);
int main()
{
  int risultato = quadrato(2);
  std::cout << "La quadrato quadrata è: "
<< risultato;
}

int quadrato(int x) {
  return x * x;
}
```

Abbiamo chiamato una funzione `quadrato` con e abbiamo fornito un valore pari a 2 al posto del parametro della funzione e assegnato il risultato di una funzione alla nostra variabile `risultato`. Ciò che passiamo in una funzione viene spesso definito argomento di una funzione. Per chiamare una funzione che accetta due o più argomenti, usiamo il nome della funzione seguito da una parentesi di apertura, seguito da un elenco di argomenti separati da virgole e, infine, una parentesi chiusa. Esempio:

```cpp
#include <iostream>
int somma(int x, int y);
int main()
{
 int risultato = somma(5, 10);
 std::cout << "La somma di 5 e 10 è:" <<
risultato;
}
int somma(int x, int y) {
 return x + y;
}
```

Le funzioni sono di un certo tipo, indicato come tipo restituito e devono restituire un valore. Il valore restituito è specificato da un'istruzione `return`. Funzioni di tipo `void` non hanno bisogno di un'istruzione `return`. Esempio:

```cpp
#include <iostream>
void voidfn();
int main()
{
 voidfn();
}
void voidfn()
{
 std::cout <<  "Questa è una funzione
void e non necessita di return.";
}
```

Le funzioni di altri tipi (eccetto la funzione
`main`) richiedono un'istruzione `return`:

```cpp
#include <iostream>
int intfn();
int main()
{
 std::cout << "Il valore di una funzione
è: " << intfn();
}
int intfn()
{
 return 42; // istruzione return
}
```

Una funzione può avere più istruzioni `return`,
se necessario. Quando una qualsiasi `return`

viene eseguita, la funzione si interrompe e il resto del codice nella funzione è ignorato:

```cpp
#include <iostream>
int multireturn(int x);
int main()
{
 std::cout << "Il valore di una funzione è: " << multireturn(25);
}
int multireturn(int x)
{
 if (x >= 42)
 {
  return x;
 }
  return 0;
}
```

Passaggio di argomenti

Esistono diversi modi per passare argomenti a una funzione. Qui, descriveremo i tre più utilizzati. Quando passiamo un argomento a una funzione, viene creata una copia di tale argomento e passata alla funzione se il tipo di parametro della funzione non è un riferimento.

Ciò significa che il valore dell'argomento originale non cambia. Viene eseguita una copia dell'argomento. Esempio:

```cpp
#include <iostream>
void miaFunzione(int pervalore)
{
 std::cout << "Argomento passato per valore: " << pervalore;
}
int main()
{
 miaFunzione(123);
}
```

Questo è noto come passare un argomento per valore o passare un argomento per copia. Quando un tipo di parametro della funzione è un tipo di riferimento, viene passato l'argomento effettivo alla funzione. La funzione può modificare il valore dell'argomento. Esempio:

```cpp
#include <iostream>
void miaFunzione(int& perriferimento)
{
 perriferimento++; // possiamo
modificare il valore dell'argomento
```

```cpp
 std::cout << "Argomento passato per
riferimento: " << perriferimento;
}
int main()
{
 int x = 123;
 miaFunzione(x);
}
```

Qui abbiamo passato un argomento di un tipo di riferimento `int&`, quindi la funzione ora usa l'argomento effettivo e può cambiarne il valore. Quando si passano gli argomenti per riferimento, hai necessità di passare la variabile stessa; non possiamo passare un letterale che rappresenta un valore. Il passaggio per riferimento è meglio evitarlo soprattutto all'inizio quando non sei abbastanza esperto.

Ciò che è preferibile fare, è passare un argomento tramite riferimento `const`, indicato anche come riferimento a `const`. Può essere più efficiente passare un argomento per riferimento, ma per assicurarsi che non sia cambiato, lo rendiamo di tipo riferimento `const`. Esempio:

```cpp
#include <iostream>
#include <string>
void miaFunzione(const std::string&
perconstrif)
{
 std::cout << "Argomenti passati per
riferimento const: " << perconstrif;
}
int main()
{
 std::string s = "Hello World!";
 miaFunzione(s);
}
```

Usiamo il passaggio per riferimento `const` per motivi di efficienza e il modificatore `const` assicura che il valore di un argomento non venga modificato. Negli ultimi tre esempi, abbiamo omesso le dichiarazioni di funzione e abbiamo fornito solo le definizioni di funzione. Sebbene una definizione di funzione sia anche una dichiarazione, dovresti fornire sia la dichiarazione che la definizione come in:

```cpp
#include <iostream>
#include <string>
void miaFunzione(const std::string&
perconstrif);
int main()
{
 std::string s = "Hello World!";
 miaFunzione(s);
}

void miaFunzione(const std::string&
perconstrif)
{
 std::cout << "Argomenti passati per
riferimento const: " << perconstrif;
}
```

Overloading

Possiamo avere più funzioni con lo stesso nome ma con diversi tipi di parametri. Questo è chiamato sovraccarico di funzioni (overloading). Una semplice spiegazione: quando i nomi delle funzioni sono gli stessi ma i tipi di parametro differiscono, abbiamo funzioni sovraccaricate. Esempio di una dichiarazione di sovraccarico di funzione:

```cpp
void stampa(char param);
```

```cpp
void stampa(int param);
```

```cpp
void stampa(double param);
```

Quindi implementiamo le definizioni di funzione e chiamiamo ciascuna di esse:

```cpp
#include <iostream>
void stampa(char param);
void stampa(int param);
void stampa(double param);
int main()
{
 stampa('c'); // chiamo stampa per char
 stampa(123); // chiamo stampa per integer
 stampa(456.789); // chiamo stampa per double
}
void stampa(char param)
{
 std::cout << "Stampo un character: " << param << '\n';
}
void stampa(int param)
{
 std::cout << "Stampo un integer: " << param << '\n';
}
void stampa(double param)
{
 std::cout << "Stampo un double: " << param << '\n';
```

}

Quando si chiamano queste nostre funzioni, viene selezionato un overloading appropriato in base al tipo di argomento che forniamo. Nella prima chiamata a `stampa('c')`, viene selezionato un overloading di caratteri perché la "c" letterale è di tipo `char`. In una seconda funzione chiama `stampa(123)`, è stato passato un numero intero quindi è stato selezionato l'overloading per il tipo di un argomento `int`. E infine, nella nostra ultima chiamata di funzione `stampa(456.789)`, viene selezionato un overloading per `double` da parte del compilatore perché l'argomento 456.789 è di tipo `double`.

Sì, i letterali in C++ hanno anche tipi e lo standard C++ definisce con precisione di quale tipo si tratta. Ecco alcuni dei letterali e dei loro tipi corrispondenti:

```
'c' - char
123 - int
456.789 - double
true - boolean
"Hello" - const char[6]
```

Verifica la tua preparazione

1. Scrivi un programma che definisca una funzione di tipo `void` chiamata `stampamessaggio()`. La funziona genera un messaggio "Hello World da una funzione" sullo standard output. Chiama la funzione da `main`.

2. Scrivi un programma che dichiara e definisce una funzione di tipo `void` chiamata `stampamessaggio()`. La funzione restituisce un messaggio "Hello World da una funzione" sullo

standard output. Chiama la funzione da `main`.

3. Scrivi un programma che abbia una funzione di tipo `int` chiamata moltiplicazione che accetta due parametri `int` per valore. La funzione moltiplica questi due parametri e restituisce un risultato. Richiama la funzione da `main` e assegna un risultato della funzione con una variabile locale `int`. Stampa il risultato nella console.

4. Scrivi un programma che abbia una funzione di tipo `void` chiamata `messaggiopersonale`. La funzione accetta un parametro in riferimento a `const` di tipo `std::string` e restituisce un valore sullo standard output utilizzando il valore di quel parametro. Richiama la funzione da `main` con una stringa locale.

5. Scrivi un programma che abbia due sovraccarichi di funzioni (overloading). Le funzioni si chiamano divisione ed entrambe accettano due parametri. Dividono i parametri e restituiscono il risultato. Il primo overload della funzione è di tipo `int` e ha due parametri di tipo `int`. Il secondo overload è di tipo `double` e accetta due parametri di tipo `double`. Richiama l'overload appropriato da `main`, prima fornendo argomenti interi e poi i `double`. Osserva se i risultati diversi sono diversi e perché.

Capitolo 11: Classi

La classe è un tipo definito dall'utente. Una classe è composta da membri e i membri sono dati e funzioni. Una classe può essere descritta come dati e alcune funzionalità su quei dati, racchiuse in un unico posto. Un'istanza di una classe è chiamata oggetto. Per dichiarare solo il nome di una classe, scriviamo:

```
class MiaClasse;
```

Per definire una classe vuota, usiamo le parentesi graffe:

```
class MiaClasse{};
```

Per creare un'istanza di una classe ovvero un oggetto, usiamo:

```
class MiaClasse{};
int main()
{
```

```
  MiaClasse o;
}
```

Abbiamo definito una classe chiamata `MiaClasse`. Quindi abbiamo creato un oggetto `o` di tipo `MiaClasse`.

Una classe può contenere un insieme di alcuni dati. Questi sono chiamati membri. Aggiungiamo un campo alla nostra classe di tipo `char`:

```
class MiaClasse
{
  char c;
};
```

Ora la nostra classe ha un campo dati di tipo `char` chiamato `c`. Aggiungiamo campi di tipo `int` e `double`:

```
class MiaClasse
{
  char c;
  int x;
  double d;
```

```
};
```

Ora la nostra classe ha tre campi e ogni campo ha il suo nome. Allo stesso modo, una classe può memorizzare funzioni. Esse sono principalmente utilizzate per eseguire alcune operazioni sui campi dei dati. Per dichiarare una funzione membro di tipo `void` chiamata `faiqualcosa()`, scriviamo:

```
class MiaClasse
{
 void faiqualcosa();
};
```

Esistono due modi per definire questa funzione. Il primo è definirlo all'interno della classe:

```
class MiaClasse
{
 void faiqualcosa()
 {
  std::cout << "Hello World da una classe.";
 }
```

```
};
```

Il secondo è definirlo fuori dalla classe. In tal caso, scriviamo prima il tipo della funzione, seguito da un nome di classe, seguito da un operatore di risoluzione :: seguito da un nome di funzione, un elenco di parametri, se presenti, e un corpo di funzione:

```
class MiaClasse
{
 void faiqualcosa();
};

void MiaClasse::faiqualcosa()
{
  std::cout << "Hello World da una
classe.";
}
```

Qui abbiamo dichiarato una funzione all'interno della classe e l'abbiamo definita all'esterno della classe. Possiamo avere più funzioni in una classe e per definirle all'interno di una classe, scriveremmo:

```cpp
class MiaClasse
{
 void faiqualcosa()
 {
 std::cout << "Hello World da una
classe.";
 }
 void faiqualcosaltro()
 {
 std::cout << "Hello Universe da una
classe.";
 }
};
```